天津博物馆文物展览系列图集

编委会主任： 陈 卓 白文源

编 委 （以姓氏笔画为序）：

于 英 于 悦 白文源

刘 渤 李 凯 陈 卓

岳 宏 姚 旸 钱 玲

徐春苓 黄克力

志丹奉宝——天津收藏家捐献文物展

主 编： 徐春苓

摄 影： 刘士刚

天津博物馆文物展览系列图集

志丹奉宝

◎ 天津收藏家捐献文物展

天津博物馆 编

文物出版社

总序 陈卓

　　天津，中国的历史文化名城，地处九河下梢，位当京畿通衢，自古以来便是舟车汇聚之地、人文荟萃之所。明清以降，城市经济的发展带来了文化的勃兴，津沽之地渐成典章集聚、文物汇藏的名区。近代开埠后，天津更一跃成为中国北方的经济中心与文化重镇。特殊的地理位置与城市地位为天津文物文化事业发展奠定了雄厚基础。众多卓有建树的文物鉴藏家临于斯土，八方风物、历代珍品亦有缘归于津门。在天津这片沃土上，文物收藏逐渐形成传承有绪、品类齐全的良好局面，这不仅构筑起天津收藏的整体规模，更对后世影响颇巨，遗泽深远。

　　作为近代文明的发展标志，博物馆进入中国时间较晚，最先出现于一些"得风气之先"的口岸城市。在天津，博物馆已走过了近百年的发展历程。新中国成立后，尤其是经过改革开放后的快速发展，天津的文物博物馆事业真正进入了"大有为"的时期。时至今日，城市博物馆群体已颇具规模。其中，天津博物馆以其丰富的藏品、广泛的影响在国内外业界享有崇高声誉，并成为绍绪天津收藏传统，开拓文化公益事业的典型。作为一座大型历史艺术类综合性博物馆，天津博物馆拥有涉及历史文献、书法绘画、陶瓷器、玉器、青铜器、金银器、甲骨、砚台、玺印、钱币、邮票以及民间艺术等多门类20余万件藏品。如何将众多的文化精品惠及更广泛的民众，

这始终是天津博物馆致力于探寻的问题。对于现代博物馆而言，举办高水平展览无疑是实现这一目标的主要方式。

　　2009年，天津博物馆新馆项目立项。天博人决心利用此次良机，对原有各类型展览进行大规模充实、创新。筹展工作开始后，天津博物馆先后多次邀请国内众多知名专家、同行会商策展大计，并组织本馆专业人员对原有展览进行全面评估，深入挖掘馆藏文物的特点及内涵，由此确定下新馆展览的设计方向。

　　与原有展览不同，新馆展览在内容设计与展示手段方面皆有较大程度的改进创新。一方面，新展览加大了馆藏优势的体现力度，通过"耀世奇珍——馆藏文物精品陈列"、"聚赏珍玉——馆藏中国古代玉器陈列"、"线走风姿——馆藏明清书法陈列"、"寄情画境——馆藏明清绘画陈列"以及"雅静青蓝——馆藏明清青花瓷陈列"等文物精品、专题陈列，集中向观众展示了天津博物馆在多个文物类别领域的收藏"深度"与"精度"。在这些展览中，许多珍贵文物都是首次与民众见面。人们将有机会尽可能多地欣赏、了解这些古代文化遗珍；另一方面，在选取"好题"、"好物"的基础上，新馆还推出多个新颖的文物主题展览。其中，"器蕴才华——文房清供陈列"、"安和常乐——吉祥文物陈列"、"沽上风物——天津民间工艺陈列"和"志丹奉宝——天津收

藏家捐献文物展"等均在突出主题的同时，打破了以往堆砌文物的展览模式，在创意与馆藏文物间找到最佳的契合点，力求在推出精品的同时，向观众奉献格调高雅、内涵丰富的高水平展览。这些展览不囿于传统陈设理念，而是解放思想、大胆创新，强调观众的互动参与，通过对馆藏文物的鉴选整合，探索出别开生面的展览新模式，创造出迥别于以往的展示意境。

无论文物主题展抑或专题展，它们皆力求打破以往以物论物的界限，利用一些为民众所熟悉的传统文化主题组织瓷、玉、书画等丰富文物展品，从而使各类器物在新的主题下获得了崭新的解读视角。展览也因此在更加贴近中国传统文化的同时，符合了民众的心理需求，使观众在"贴近"艺术珍品的同时对传统文化增进了解，有所记忆。

众所周知，博物馆在进入中国那一刻起，便担负起整理故物与开启民智的职责和使命。在现代城市博物馆中，人们不仅需要掌握传统文化的精髓，还须借由展览熟悉城市历史的发展过程，熟悉特有的地域文化，进而从中有所启迪，有所领悟。有鉴于此，天津博物馆重新"包装"推出了"天津人文的由来"、"中华百年看天津"等历史文化主题展。这部分展览集中展示了天津城市的发展历程、历史人文的发展脉络，努力使观众通过观展明晓天津历史文化渊源，在观史的同时解读身边的城市。

其中，"中华百年看天津"一直是天津博物馆致力推出的"拳头产品"，此次借由新馆创立之机，策展人员重新对其进行了加工完善，借助文物、文献、史料、照片等2100余件展品，极大扩充丰富了展览内容，使天津近代发展面貌得到全景式展现，从而在做足天津本土文化主题的同时，达到引领观众了解中华民族伟大复兴历程的目的。

2012年5月，天津博物馆新馆正式对外开放，新设11项基本陈列亦相继与观众见面。它们在带给观众赏悦感受的同时，也无疑将为他们打开一扇文物典藏与文化传播的大门。为扩大展览的影响，使喜欢这些展览的广大观众朋友们更方便地鉴赏、认识这些珍贵的艺术精品和历史文物，深度了解展览的旨意，同时也为鉴证、保留这次策展的丰富经验与丰硕成果，天津博物馆特组织策展人员精心遴选展览中的文物，力图用通俗易懂的语言编写本套图录，将那些绚烂的艺术品、历史的见证物与凝聚众多天博人心血的展览设计变为文字、图片汇入册页，以志纪念，并请指正！

目　录

概述 <small>徐春苓</small>

近代天津是我国北方最大的工商业港口城市，同时又是京师的门户，特殊的地理位置和人文环境，使这里成为军阀政要、皇族贵戚、巨商富贾等各派势力的寓居之所，他们拥藏大量珍贵文物，使天津成为文物流通的一方沃土。得天独厚的条件优势也孕育了众多文物收藏、鉴赏大家，他们不惜倾注一生心血，致力于古物收藏，殚精竭力地保护、传承祖国优秀文化遗产，为使这些民族瑰宝不被近代的战乱湮没和流失海外做出了杰出的贡献。新中国成立后，众多收藏家出于对祖国的热爱和对人民政府的信赖，纷纷化私为公，慷慨捐献，这些瑰宝成为天津博物馆丰富典藏的重要基础。

一 王襄

王襄（1876-1965年），字纶阁，号符斋，又号簠室，天津人。1906年，王襄考入京师高等实业学堂习矿科，毕业后奖为举人，以知县分发河南。此后，王襄调动频繁，奔波江南五省，长期从事文牍工作，晚年返津从事过教育。1953年担任天津文史研究馆首任馆长。王襄一生致力于学术研究，博通金石考古，尤精甲骨，是殷墟甲骨的最早发现者之一，也是著名的甲骨收藏家。其捐献甲骨成为天津博物馆的重要馆藏。

王襄从20岁始就酷好考古研究，因喜欢收藏，古董商也经常带古物到他这儿来。清光绪二十五年（1899年）秋，山东潍县古董商范寿轩来津兜售河南汤阴出土的骨版，王襄与著名书法家孟广慧闻讯后，一起前往范商住处——天津城西头的"马家店"，当见到大大小小、形状

不一的龟版兽骨上面隐隐约约类似文字的刻划时，兴奋不已。仔细摩挲后，敏感的直觉使二人得出准确的判断：这些刀笔遒健的刻画符号就是中国最早的古文字。于是他们竭自己所能购买了一批。这一奇遇使王襄成为我国殷墟甲骨文的最早发现、鉴定和购藏者之一。

战乱期间，为保护辛勤搜集来的甲骨瑰宝，王襄历尽艰辛，自始至终将其带在身边，欣赏、研究。生活极度艰难之时，仍断然拒绝外族的高价收购，没有出售，没有失散，使国宝得以完整保存，并最终捐赠或出让给国家。

王襄先生是唯一一位记载早期甲骨发现和收藏过程的学者。他以毕生精力研究辨识甲骨文字，著作颇丰，为我国甲骨学的创立和发展作出了巨大贡献。1920年，王襄专著《簠室殷契类纂》出版，该书被公认为是中国第一部甲骨文字典，是王襄历时二十余年辛勤耕耘的结果。1923年，王襄根据自己掌握的甲骨资料，写出了《簠室殷契征文》一书，当时，王襄在广东做官，直到1925年9月他调任四川之前，这本书才得以出版。此书介绍了一批有价值的甲骨材料，每条卜辞都加了考释，并对甲骨文进行了分期断代。

王襄先生对大量古器物、写经、碑拓之上的各种字体的结构、笔法有着深入的探究和感悟，通过临习融入自己独到的理解，从而形成特有的书体风格。馆藏王襄篆书散氏盘铭十二条屏，朴拙厚劲，浑然天成，粗中见精。王襄为天津大悲禅院题写的篆书匾额："古刹大悲禅院"，字体苍秀朴茂，体态厚重。这些成为王襄留给后人的宝

王襄为天津大悲禅院题写的篆书匾额：古刹大悲禅院

1954 年首届天津文史馆馆员合影

王襄为天津市艺术博物馆题写的篆书楹联：静观秋水
无边月，共乐江天自在春

1999 年纪念甲骨文发现百年暨纪念文化名人王襄座谈会

贵文化遗产。

新中国成立时，王襄虽已届耄耋之年，但仍追求思想进步，党和政府对于王襄也给予了极高的荣誉和信任。1953 年王襄 78 岁时被天津市人民政府任命为天津市文史研究馆首任馆长；1955 年被推荐为天津市政协委员；同年当选中国科学院历史研究所甲骨文合集编辑委员会委员；1956 年王襄 81 岁时加入中国共产党，从晚清举人到中国共产党党员，完成了一个巨大的理想跨越；1962 年受聘为天津市人民委员会文物保管委员会委员。

1965 年 1 月 31 日，王襄因肺炎病逝。王襄病重之际立下遗嘱，把一生的著作、手稿和收藏的文物、古籍全部捐献给国家。亲属们按其嘱托，了却老人心愿。现在这些宝物分别收藏在天津市图书馆、天津市文史研究馆和天津博物馆。

王襄先生学养深厚，知识广博，论述宏富精辟，治学严谨，他的研究成果为学术界所公认，成为人们崇敬的文字学者、古文物研究专家。王襄为我们留下了非常珍贵的甲骨实物和学术研究著作，他对中国甲骨学的创建与研究做出的卓越贡献将名垂史册。

二 徐世章

徐世章（1889-1954 年），字端甫，又字叔子，号濠园，天津人，民国总统徐世昌之胞弟。早年就读于京师大学堂译学馆，后留学比利时列日大学经济管理系，历任京汉、津浦铁路局局长、币制局总裁等职。1922 年离任回津，在投资房地产及公益事业的同时，竭尽精力、财力收藏文物，成为著名的文物收藏、鉴赏大家。

徐世章先生所集古物数量之多，种类之繁，品质之精，为业内倾慕，实为鉴藏名家的杰出代表。其捐赠的古玉、古砚，精品荟萃，蔚为大观，成为本馆的重要藏品。

徐先生集玉，用心良苦，不惜重金。其纳宝踪迹遍及全国。一些著名学者、专家或收藏家，乃至名位较高的商贾的名品，都是先生百般搜求的对象。1928年安阳殷墟遗址首次发掘，商王贵族生前享用的服饰佩玉、礼仪用玉重现人间。先生差专人前去征宝，几年内即搜得精品数十件。如青玉弦纹璧、青玉直线纹圭、青玉龙纹珮、青玉龙首纹觽、白玉龙形珮、黄玉凤形珮及青玉龙形玦等，都可与1975年殷墟妇好墓出土古玉相媲美；而黄玉牛首形饰、绿松石蛙形饰、青玉龙纹璧、青玉癸巳铭笄、黄玉蝉纹管、黄玉弦纹箍和青玉龟腹版等，材质之纯、造型之美、工艺之精、价值之高，均超过妇好生前之享用，堪称传世之珍。濠园藏玉可谓"玉不美不收，器不绝不藏"。

天津博物馆藏砚，品类齐全，精美之至，享誉全国。端、歙、澄泥、洮河石等四大名砚，精品荟萃，特别是流传有序的名人藏砚，尤为珍贵。御用精品的松花石砚、漆砂砚等，质精工巧、独具特色，堪与四大名砚齐名。此外，诸如红丝石、煤精石、玉石、砣矶石乃至铜铁、竹木及牙雕等精美实用的古砚，应有尽有。这些优秀藏品的集成，正是源于徐世章先生的竭力收藏与慷慨捐献。明顾从义摹刻石鼓文石砚，砚面作弧形砚堂及月牙形水池。砚面及砚背以及环周分刻"石鼓文"十首。不计重字、残字，共有434字，与宋拓本字数接近，且刻工精细，在国内尚未发现石鼓文宋拓本之时，此砚即成宋代石鼓文样本，对石鼓文研究有重要参考价值。明荷鱼朱砂澄泥砚，砚呈朱红色，是澄泥中之上品。此砚正面琢成鱼形，砚背以黑色荷叶衬托，黑红相映，对比强烈，线条流畅自然，质地上乘。此砚融质、色、雕等诸多特色与技艺，尽善尽美，绚丽华美，诚为高水平之佳作。

此外，徐世章所捐尚有其他类别的古物精品，如书

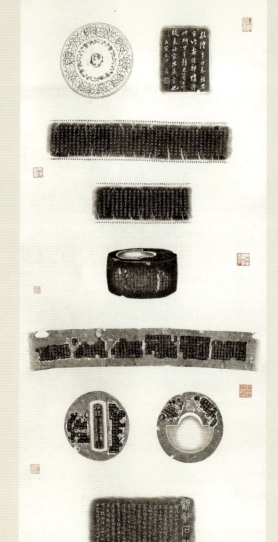

明顾从义摹刻石鼓文石砚

明荷鱼朱砂澄泥砚

1954 年徐世章先生后人第一次捐献文物后的合影

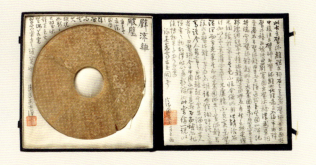

汉璧琉璃谷纹璧及考证墨迹

画碑帖中有清傅山、傅眉父子画册，此画为设色山水小景十六开，是傅氏父子二人的力作；清黄鼎《万里长江图》长卷，上下二卷，共 80 米，笔墨雄健，气势恢宏；宋怀仁集王羲之书《圣教序》拓本，是曾为清代崇恩所藏墨皇本；宋拓《西楼苏帖》，集宋代苏轼楷书、草书、行书之大成；仿名家书迹画稿制作的清乾隆缂丝《明皇试马图》，精工细作，是清代缂丝稀见之品。其它尚有铜器、汉金饰件、印章、名家制作古琴等，均为难得珍品。

徐世章先生蓄藏古物不遗余力，只要是精品，不管多少钱，均竭力购藏。据说他买名砚是按分量称的，一两石头要出一两黄金的价钱。但是徐世章自己和家人生活简朴，箪食疏衣，连出门坐车都舍不得，给儿女做衣衫也多用白粗布染成蓝色。大家庭节年的开销只有一二百元，而每年购古物却花费逾万元。他对家人说："要是将买文物的钱用来买钻石，可以买一管箩。"由此可见他对于文物的热爱以及对于文物收藏的满腔热情。

徐世章收藏古代文物，不

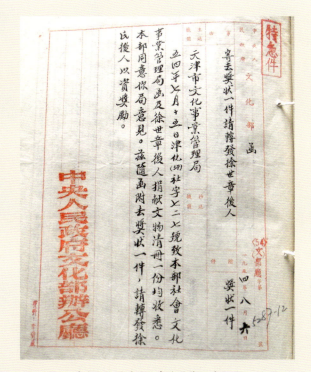

中央人民政府文化部嘉奖徐世章公函

仅是因为博雅好古，更是为了对古物进行研究，从而使祖国的优秀文化遗产得到记录与传承。

徐世章藏玉有四个特点：其一，时代悉俱，自成系统；其二，独辟蹊径，掘猎精品；其三，精究典籍，着力研考；其四，精心收藏，妥善养护。上述特点体现了一个资深鉴藏家的韬识和非凡的底蕴水准。

徐世章先生学养精博，鉴赏水平很高。先生定期邀集同好，共同鉴赏珍爱宝物，切磋所得。他精究典籍，得其要义。并从玉器的造型和纹饰上，挖掘其文化内涵及学术价值。对玉器的发掘源地、流传经历努力钻研，并笔录于囊盒内，作为收藏与研究的原始基本资料。在其所捐古玉中，记有某年"彰得出土"（今安阳）者，不下数十件。

珍宝无价
爱国情深
李瑞环
一九九七年
八月曾

全国政协原主席李瑞环为徐世章捐献展
题词：珍宝无价，爱国情深。

徐世章对每一件藏品都是特制囊匣妥善保存，每收一方佳品，都要有题记，记录铭者传略、流传过程、收藏时间等附于盒内，并尽量收集与该物品相关的墨迹、印章、条幅、著作、书籍等资料，共装一匣，以便研究评估。他的许多研究成果时至今日仍被业内人士借鉴。

20 世纪 20 年代，中国正处于内忧外患的动荡时期，大批民族文化遗产惨痛外流，徐世章先生曾写下"金印不争争钓石"的誓言，高官厚禄可弃，捍卫中华传统文化必争。毅然离职回津，竭尽精力、财力收藏文物。徐世章对子女们曾说："我毕生精力收藏文物，几十年呕心沥血，终于将它们从分散变为集中，如果传给你们，势必又由集中变为分散，只有捐献给国家，才更易保管，供全社会、全民族共赏"。先生的爱国胸襟荡涤人心，令人敬仰。

1954 年徐世章不幸因病离世，遵先生遗嘱，亲属将其所藏全部捐献给国家。徐世章先生一生淡泊名利，却不惜倾注一生心血，致力于古物收藏，殚精竭力传承祖国优秀遗产文化。他的慷慨捐赠，不仅充实了天津博物馆的收藏，也为弘扬中国独特的物质文化做出了不可磨灭的贡献。

三　周叔弢

周叔弢（1891-1984 年），原名明扬，后改名暹，字叔弢，以字行。生于扬州，祖籍安徽东至。其祖父周馥是晚清的重臣，叔父周学熙是民国初期财政总长。著名民族实业家、爱国人士，闻名海内外的古籍、文物收藏家及鉴赏家。曾任全国政协副主席、天津市副市长等职。

周叔弢先生是古籍、文物的收藏和鉴赏大家，也是赫赫有名的民族文化的保护使者。从 1952 年起，周叔弢先生多次将几十年收藏的宋、元、明抄本、清代善本及其他中外珍贵图书及历史文物捐献给国家。其捐赠的敦煌

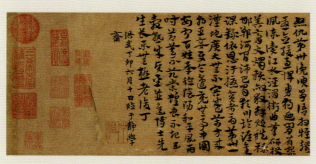

明宋克《急就章》卷

文书、古玺、书画等成为天津博物馆的重要藏品。

1952 年周叔弢先生将 7 件书画捐献国家，其中 4 件原为清宫旧藏，并著录于乾隆、嘉庆两朝编纂的宫廷收藏著录文献《石渠宝笈》和《秘殿珠林》。如北宋治平四年《摩诃般若波罗密经》卷，明宋克《急就章》卷，明钱贡《城南雅逸图》卷，明项圣谟《且听寒响图》卷，都是钤有清内府收藏印玺的书画名迹。

1981 年周叔弢先生捐献各类文物 1262 件，其中以敦煌遗书和历代玺印为大宗。周叔弢藏有敦煌遗书 256 件，是个人收藏敦煌遗书中保存数量最多并最终全部捐献给国家的一位收藏家。周叔弢先生所捐经卷，不少是《大藏经》中失载的佛教经典。《佛说水月观音经》《羯磨经》、《鼻耶律序》、《禅数杂事》（下）等在《大藏经》中皆未见著录，是研究佛教文化的重要文献。同时这些经卷堪称中国书法史上的佳作，部分有纪年款的藏品，更是研究不同时期书法隶、楷二体演变的珍贵实物。周叔弢收藏的敦煌遗书中，还有不少涉及敦煌地方的历史和文化，如《唐咸亨二年胡文达牒》，系沙州胡萨坊口户长胡文达向上级汇报管界之内外来番户动迁的情况，这为研究敦煌地区历史提供了重要资料。周叔弢收藏的玺印，上自春秋，下至元明，捐献共 910 方，包括官印、私印、吉语印、肖形印等，量多质精，自成体系。其中春秋时代"王戎兵器"铜玺，经李学勤、陈邦怀等先生确认是现存最早的官玺。这批玺印，是研究古代各个时期的官制、地理、民族关系以及文字演变的重要资料，也是反映我国篆刻艺术发展史的珍贵文物，其精湛的铸刻、秀美的文字，代表了古代工匠的高超艺术水平。

周叔弢为抢救国家的文化瑰宝、保护国家优秀的文化遗产付出的心血比金钱要多得多。他在收书过程中，看见一部好书散失在几处，必要千方百计搜寻，不惜重价收买，使缺而复圆，珠还璧合。他爱护古籍，故对流失海外的善本，总是竭尽全力赎回。1933 年他偶然见到日本文求堂书目列有我国宋、元、明本古籍百余种，他不愿古籍流落异国，然个人之力不及，遂奔走呼吁，希望国家及国内富有者赎买，无奈事与愿违、无人应和。他只好倾力将珍贵的海内孤本宋刻善本书《东观余论》买下，后又四处筹资，陆续赎回宋抄本《东家杂记》、元本《黄山

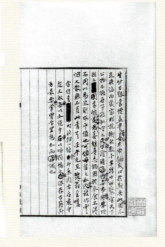

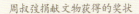

周叔弢捐献文物获得的奖状　　　　周叔弢留给子孙的话

1957年的周叔弢先生

1979 年的周叔弢先生

1980 年的周叔弢先生

1979 年的周叔弢先生

1983 年的周叔弢先生

概

述

古诗注》等书，使这些古籍幸免流失。

清石涛《巢湖图》是周叔弢先生非常喜爱的书画藏品，世传这种细笔石涛极为难得，确属罕见之物。它能得以保存，可以说全仗周叔弢先生抢救之功。抗战期间，周老正住在日本占领区，忽听有人要将《巢湖图》卖给日本人，他为此心急如焚，坐卧不宁，几经周折，辗转托人终将这幅佳作买下保存起来，才使这件珍宝没有外流异国他乡。

周叔弢先生竭尽大半生精力搜求古籍，并自拟一个收藏鉴别善本的"五好"标准：第一，版本好，等于一个人先天体格强健；第二，纸墨印刷好，等于一个人后天营养得宜；第三，题识好，如同一个人富有才华；第四，收藏印记好，宛如美人薄施脂粉；第五，装潢好，像一个人衣冠整齐。周叔弢先生藏书达四万多卷，但他并无"子孙永保"的想法，而是多次把凝聚着自己数十年心血的珍贵古籍捐赠给国家图书馆。1942 年，周叔弢曾在其手订书目上记下几句留给子孙的话："生计日艰，书价益贵，著录善本或止于斯矣！此编固不足与海内藏书家相抗衡，然数十年精力所聚，实天下公物，不欲吾子孙私守之。四海澄清，宇内无事，应举赠国立图书馆，公之世人，是为善继吾志"。相隔十年，他的夙愿得以实现：1952 年，周叔弢先生将他所藏善本书中的上乘精品，计 715 种，2672 册，捐献给中央文化部，收藏于国家图书馆。当时中央文化部副部长郑振铎也是一位著名的藏书家，他看了周叔弢的赠书目录，连说"琳琅满目，美不胜收"。尔后周叔弢先生又多次将大批古籍捐赠故宫博物院、天津图书馆、南开大学等单位。

无论是殚精竭虑地保护文物，还是极力发展民族实业，无不体现了周叔弢先生崇高的爱国精神和高尚的民族气节。1981 年 3 月 8 日，天津市人民政府为周叔弢、张叔诚捐献文物的爱国之举举行了表彰授奖大会，以弘扬爱国收藏家的奉献精神。

四　张叔诚

张叔诚（1898－1995 年），名文孚，别名忍斋，直隶通县（今属北京）人，清工部右侍郎、总办路矿大臣张翼之子。著名实业家、文物鉴藏大家。其收藏及捐赠以历代书画、玉器最精。

张叔诚受父兄熏陶，自幼对文物有着浓厚的兴趣，尤其笃好书画。张叔诚为辨别书画真伪，悉心研究画论，遇名人力作不惜重金购买，因此他的书画收藏，几乎件件是精品。如范宽《雪景寒林图》轴、边鲁《起居平安图》轴、钱选《花鸟图》卷、赵孟頫行书《洛神赋》卷、仇英《桃源仙境图》轴、陈道复《罨画山图》卷、吴历《寄唐半园

北宋范宽雪景寒林图轴

山水图》轴、王翚《云山竞秀图》卷、恽寿平《瓯香馆写生》册等，都为各个时代脍炙人口的优秀作品，是研究中国绘画发展史的典型之作。北宋范宽《雪景寒林图》轴，绢本，墨笔，纵 193.5、横 160.3 厘米，堪称一幅巨制。范宽，字仲立，陕西华原（今耀县）人。工山水，始师李成、荆浩，后感悟"与其师人，不如师诸造化"，遂移居终南太华山，长期观摩写生，山川气势尽收于心，"能得其骨"，是山水画成熟时期北派的一代宗师。该画构图严谨，用笔苍润浑厚。山顶上白雪皑皑，凛凛然寒气逼人，山腰里结林深邃，茂盛挺拔，生动地表现了秦陇山川的磅礴气势。范宽的作品流传至今凤毛麟角，这是目前大陆仅存的范宽画作，弥足珍贵，堪称天津博物馆的镇馆之宝。此画系清代著名鉴藏家安岐以巨资从大收藏家梁清标后人处购得。在《墨缘汇观》中，安岐作有专文赏鉴，称之"华

元边鲁起居平安图轴　　　　　明仇英桃源仙境图轴

博物院）相仿佛，可称双美画。"此画历经明代陈观、清代安岐、乾隆内府、杨曾、张翼等人递藏，是流传有序的珍贵画作。

细赏张叔诚先生捐献给天津市艺术博物馆的文物清单，不禁令人惊叹叫绝，目录所载几乎件件珠玑，都是闻名退迩的文物珍品。

或许会有人奇怪，张叔诚先生把自己一生的主要精力和积蓄都花在买文物上了，他爱文物甚至胜过自己的生命，可如今，怎么说捐就一下子全部献给国家了呢? 读一下《天津文物简讯》第 14 期刊载的张叔诚先生的一段十分精彩的讲话就明白了："我看过去的大收藏家，很少有人能够将文物保存两代。例如清初的大收藏家安麓村，他所收藏的字画精品，在他死后即全部散失，这是私人收藏家

1981 年 3 月 8 日，天津市政府举行周叔弢、张叔诚
捐献文物图书授奖大会

原（范宽）生平之杰作"、"宋画中当为无上神品"，是极难得的稀世珍宝。曾入藏清乾隆内府，1860 年英法联军火烧圆明园时散失民间，被清工部右侍郎张翼慧眼购得。该画在张家一个世纪，一直秘不示人。文革期间，张叔诚先生用生命和智慧捍卫了它，使之幸运地逃脱一场浩劫。1981 年张叔诚先生毅然将其捐献给国家。元边鲁《起居平安图》轴，绘雉鸡、竹、石、兰等，以雉鸡比雄鸡，取"鸡鸣将旦，为人起居"之意，寓意平安吉祥。作者用墨彩表现了雉鸡五彩缤纷、艳丽夺目的羽毛，充分显示了作者驾驭笔墨的高超技巧。美术史籍曾记录边鲁是位"善画墨戏花鸟"的画家，但却没人见过他的作品，《起居平安图》填补了绘画史的空白，堪称海内外传世孤品。元钱选《花鸟图》卷，绘桃花翠鸟、牡丹、梅花共 3 段，每段画均有自题诗一首。所绘物象准确、生动，笔力挺健，赋色雅致，是代表了作者最高艺术水平的文人花鸟画作品，也是钱选花鸟画题材中的至精之作。曾入藏清乾隆内府，《石渠宝笈》初编著录。《桃源仙境图》轴，是"明四家"之一仇英的绘画代表作。青绿设色，山水气象万千，人物生动传神，技法纯熟。安岐《墨缘汇观》曾著录，并评此画："其布景用意之妙与《玉洞仙源图》（现藏北京故宫

1981年胡启立市长接见张叔诚先生

在京津举办周叔弢、张叔诚捐献文物汇报展览，张叔诚先生观看展览

留又岂止是这令人惊叹的文化物质财富。天津博物馆感这些捐献家之义举，特地举办天津收藏家捐献文物展，从本馆数万件捐献品中，遴选200余件与观众共赏。这些珍品，除了承载着厚重的历史文化内涵之外，更寄托着捐赠者真挚的爱国情怀。在现代化的文化场馆里，全民共赏这些中华瑰宝，珍惜爱护和传承这些珍贵文物，是收藏家最大的心愿。

可以说，正是因为这些收藏家对祖国优秀传统文化的极力热爱、保护和传承，才使今日的我们享受到一次中华优秀文化遗产的饕餮盛宴；正是因为收藏家无私的奉献，才使天津博物馆成为在国内外享有盛誉的文化殿堂；正是因为众多收藏家的慷慨捐赠，才成就了天津博物馆今天的辉煌。在此，让我们在欣赏这些琳琅满目、美不胜收的展品同时，向这些捐献人表示由衷的感谢和深深的敬意！愿中华五千年艺术得以永续，无私奉献精神得以弘扬。

的惨痛教训。为了让文物能永远保存好，为了让子孙后代都能看到老祖宗留下的丰富文化遗产，我决心把自己所藏的文物献给国家，这些文物在文物、艺术部门的精心保护下，不但可以永远流传，还可以有计划地不断展出，供给广大人民群众研究、参观和欣赏。这是藏在任何私人手里所不能比拟的。"

1981年张叔诚先生与周叔弢先生一起将其生命中的至宝捐献国家。其捐赠义举受到党和政府的高度评价和国内外收藏界的广泛关注及一致称誉。我们也从中体验到张先生对于文物的喜爱之情，以及保护文物、传承祖国优秀文化遗产的崇高精神。1987年6月26日，邓颖超同志在津看望周叔弢夫人左道腴时说："他（周叔弢）和张叔诚先生捐献给国家大批文物，这种爱国主义精神是金钱买不到的！"

五　奇珍异宝献人民

收藏家无私奉献的风范，昭然于天地，其为后世所

第 一 部 分
王 襄 先 生 捐 献 文 物

王襄（1876-1965 年），字纶阁，号符斋，又号簠室，天津人。1906 年，王襄考入京师高等实业学堂习矿科，毕业后奖为举人，以知县分发河南。此后，王襄调动频繁，奔波江南五省，长期从事文牍工作，晚年返津从事过教育。1953 年担任天津文史研究馆首任馆长。王襄一生致力于学术研究，博通金石考古，尤精甲骨，是殷墟甲骨的最早发现者之一，也是著名的甲骨收藏家。其捐献甲骨成为天津博物馆的重要馆藏。

1951 年，王襄将所藏珍贵甲骨 800 余片出让给国家。1965 年其亲属又将王襄书法、遗稿及王襄收藏的文物 748 件捐给国家。

甲骨文 〰

　　甲骨文是商代后期（公元前14－前11世纪）王室贵族用于占卜记事而刻在龟甲和兽骨上的文字。它是中国已发现的古代文字中时代最早、体系较为完整的文字。

月有食卜骨　商

纵15.4、横2.2厘米

　　该卜骨是商代武丁时期的刻辞，刻有"旬壬申夕月有食"，即壬申夜月有蚀（壬申为公元前1189年10月25日）。是最早带有干支的月食记事卜辞，存世只有两件，这是国内仅有的一件。此卜辞是研究商代天文、历法的珍贵资料。

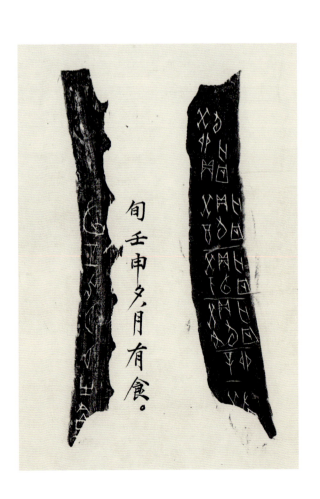

乙卯其田龟腹卜甲　商

纵5.9、横4厘米

　　该卜甲为商代祖庚祖甲时期的刻辞。内容记录了商王田猎是否有灾等事。卜辞有朱书字迹，极为珍贵。

妇㛿冥卜骨　商

纵18.8、横11.5厘米

　　该卜骨是商代武丁时期的刻辞。内容记录了占卜商王妃妇㛿冥（娩）是否顺利等事。

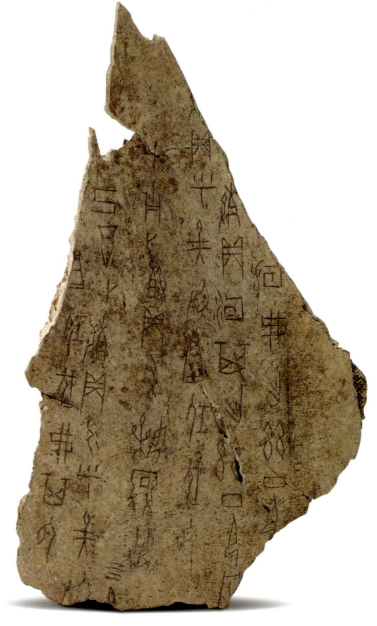

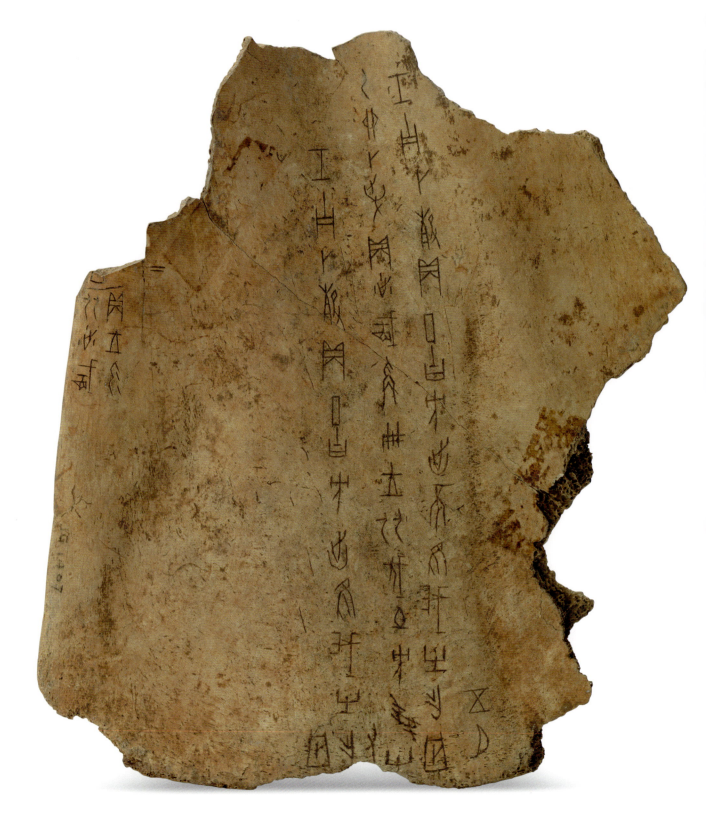

伐土方卜骨　商

纵20.1、横17厘米

　　该卜骨是商代武丁时期的刻辞。辞文记沚□受王命征
伐土方是否受到天帝的保祐等事。

王梦白牛卜骨　商

纵9.6、横7厘米

　　该卜骨是商代武丁时期刻辞。内容分别是贞问商王梦见白牛是否有灾祸之事。这类卜骨少见。

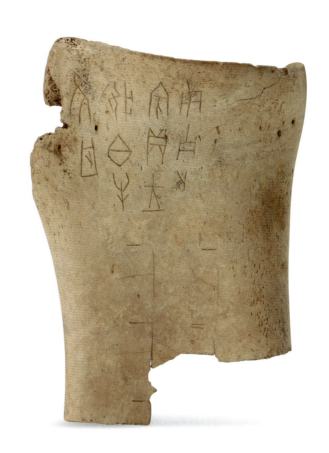

簠室

　　王襄先生自幼师从著名学人，二十岁始就酷好彝器、款识之学。王襄的字号斋名以所藏古器物命之，1907年王襄33岁时得王懿荣旧藏中白作旅簠，因此取号簠室。

《簠室殷契类纂》

　　1920年12月由天津河北第一博物院出版。此为首部甲骨文字典。全书有《正编》14卷，《附编》1卷，《存疑》14卷，《待考》1卷，是王襄多年研究甲骨文的重要成果。该书最突出之处，在于编订体例的创见，不仅按《说文》摹写甲骨文，且在每一辞条下既有考释文字，又有临写卜辞原文，使读者既能了解甲骨文的结构特点，又便于探究卜辞反映的社会历史内容，至今仍不失为一部有学术价值的工具书。

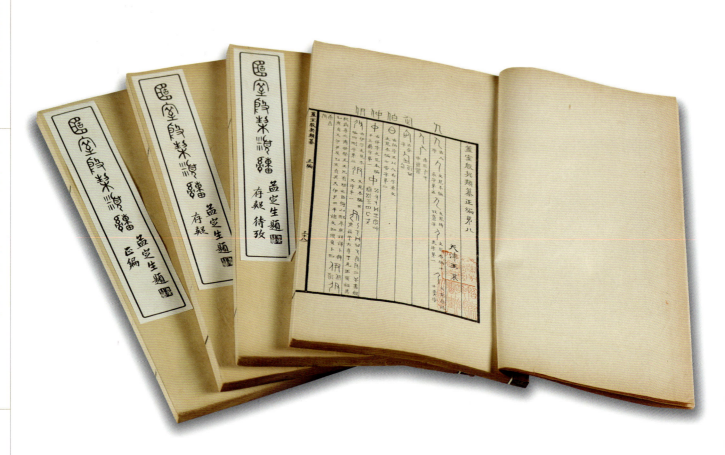

《簠室殷契征文》

　　1925年由天津河北第一博物院出版。该书有图版12卷、考释12卷，著录自藏甲骨1125条，全书按天象、地望、帝系、人名、岁时、干支、贞类、典礼、征伐、游田、杂事、文字等12大类划分。依据甲骨文中所贞卜的事项而分门别类地加以著录，此书实为首创。其考释，以古籍为依据，将金文与卜辞相互印证，见解独特，论说有据，至今仍为甲骨学诸多学者引用和称赞。

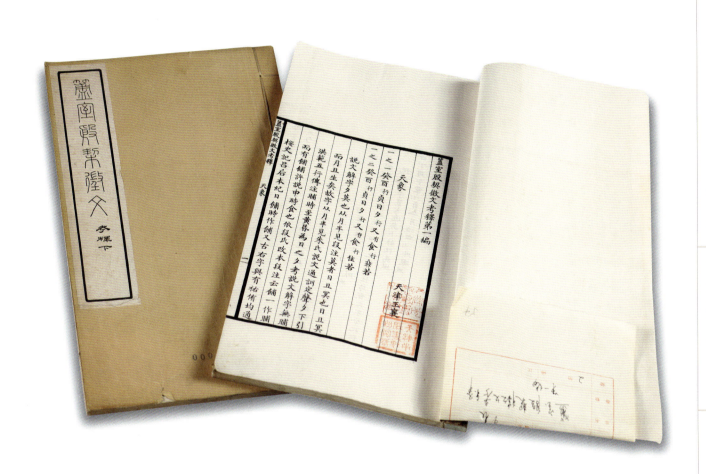

第一部分　王襄先生捐献文物

王襄遗著简目

　　王襄遗著主要有：《簠室殷契类纂》、《簠室殷契征文》、《秦前文字韵林》、《古文流变臆说》、《古陶今释》、《古陶今释续编》、《古镜写影》、《簠室杂钞》、《簠室题跋》、《纶阁诗稿》、《簠室古俑》、《两汉文物举例》、《滕县金石志》、《纶阁文稿》、《晋斋宝藏彝器款识》、《殷契墨本选集》、《簠室丛录》、《簠室藏泉拓本》、《金文新释》、《契文汇录》、《簠室集古籀联语》等书稿。

灰陶砚　宋

长17、宽10.5厘米

　　砚作箕形抄手式，砚面开椭圆形砚堂。砚体右侧有"范君"二字。砚盒盖上有王襄先生考证"是砚民国十年直隶钜鹿出土，据县之三明寺妙严殿碑考之知为大观二年（宋徽宗大观二年，1108年）以前时物。"王襄先生所捐古砚虽然数量不多，但从一些砚铭上可以看出先生早年远行谋生、勤力治学、编纂著作的艰苦生涯，是他的经历、业绩的见证。

程瑶田铭眉纹歙石砚　清

长23.2、宽14.6厘米

　　砚作长方形，砚面有银星点点，眉纹缕缕，石质坚润，石品精美。砚面开月牙形水池和圆形砚堂，日月相连，上部刻程瑶田于乾隆戊辰（1748年）秋题铭一篇。砚背有程光国于嘉庆戊午（1798年）记述其侄孙与此砚关联的题铭一篇。

程瑶田

　　程瑶田（1725—1814年），字易田，一字易畴，号让堂，安徽歙县人。清代著名学者，徽派朴学代表人物之一。精通训诂，能书善画工诗，精于鉴别，亦能篆刻，在音乐、数学、天文等领域，皆有深入研究，堪称一代通儒。程光国，称程瑶田为「侄孙」，字虚谷，号后村，邑城人，府庠生，曾先后得到御赐书、燕、福字，在浙江为盐商，亦为制墨家。多有修祠、修路、设义学、赈恤孤贫等义事，乡里德望甚高。

王襄铭端砚　民国

长14.5、宽10.1厘米

　　此砚背铭"南越归来又蜀川，乡思羁况两凄然。壮心尽逐东流水，老我年华在研田。丁卯岁莫（暮）纶阁题于古梓州寓斋。"丁卯为1927年，王襄时年五十二岁，在四川梓州务职。由砚铭可知先生由粤调蜀，到处奔波谋生，思乡情切，唯壮心不已，笔耕不辍。

第 二 部 分

徐世章先生捐献文物

　　徐世章（1889-1954年），字端甫，又字叔子，号濠园，天津人，民国总统徐世昌之胞弟。早年就读于京师大学堂译学馆，后留学比利时列日大学经济管理系，历任京汉、津浦铁路局局长、币制局总裁等职。1922年离任回津，在投资房地产及公益事业的同时，竭尽精力、财力收藏文物，成为著名的文物收藏、鉴赏大家。

　　徐世章先生所集古物数量之多，种类之繁，品质之精，为业内倾慕，实为鉴藏名家的杰出代表。其捐赠的古玉、古砚，精品荟萃，蔚为大观，成为本馆的重要藏品。

　　徐世章先生倾尽一生心血收藏文物，1954年先生故去后，家属遵其遗愿，将其毕生积聚的古玉、法帖、古砚、字画、图书等2750件珍贵文物捐献给国家。

勾云形玉珮　新石器时代红山文化

长9.8、宽16厘米

　　器边缘呈双面刃状，表面随器形磨出宽凹槽，槽底刻单阴线。造型舒美、线条流畅，系红山文化典型玉器。

鹰攫人面形玉珮　新石器时代龙山文化

长6.8、宽4.7厘米

　　以动物名称命名氏族是原始社会图腾崇拜及祖灵崇拜的重要内容。此玉珮可能是距今约4000年前以鹰为图腾的东夷少昊氏族的族徽或祖神像。

徐世章嗜玉

徐世章嗜玉，从其对玉的养护可见一斑。仅制囊匣一项，一年就耗费数千银元。先生特聘高手匠师，根据玉器的价值区别，分制布盒、绸盒、锦盒，珍品则专用楠木盒，内里加绵绸软囊。正是先生的悉心养护，才使众多古玉精品得以妥善保存。

龙形玉玦　商

直径4.6、厚0.6厘米

表面涂有朱砂。两面雕，龙体饰阴刻双勾云纹，线条娴熟流畅，造型浑圆规整，是商代晚期典型玉龙佩饰。徐世章先生为该器定制里外三层紫檀、织锦精致套盒，足见对其珍爱程度。

玉牛首　商

长3.8、宽4.2厘米

牙黄色，表面多处朱砂痕。片状，单面工，背面光素。正面雕琢一牛面，双牛角弯曲对称，上端尖状，额头饰两组对称的羽毛状纹，"臣"字形眼，方形鼻，唇部与底面间斜穿一孔。玉牛首整体雕琢规整严谨，极具威力。

牛首玉饰收藏佳话

　　此件玉牛首玉质呈淡绿色，牛角弯曲相对，阴刻双勾菱形眼眶，有眸，两耳中部各穿一孔，供穿系佩戴。更为别致的是，面部有精细的纹饰，如花若云，线条纤婉流畅，刀工所至，无不精巧，风格独特，非宫廷作品莫属，在商代牛形玉雕中极罕见。据传此器20世纪40年代初出土于河南安阳殷墟，后为黄浚所得。黄浚号伯川，是著名的收藏鉴赏大家，他对此玉极为欣赏，遂将它收录于《古玉图录初集》。此后不久，著名历史学家及古文字学家于省吾见到此器，颇为钟爱，亦欲将它拿到手。几经交涉，终了心愿，并将其作为精品著录于《双剑誃古器物图录》中。时过几秋，对牛有着特殊嗜好的津门收藏家徐世章，急欲得到。徐氏生肖属牛，基于此缘，早年曾收得商周玉牛多件，怡然自赏。见到殷墟佳作，当然不肯轻易放过，故请天津著名古玉鉴定家顾得威为其求购。于省吾为成全其美愿，忍痛割爱。这在文物界传为佳话。20世纪50年代初，徐氏后人将此器捐献国家。

玉牛首　商
长5.1、宽4.3厘米

志丹奉宝

》》》 天津收藏家捐献文物展

Cultural Relics Donated by Tianjin Collectors

周肇祥

周肇祥（1880-1945年），字嵩灵，号养庵，又号无畏，别号退翁，室名宝觚楼，浙江绍兴人。清末举人，近代书画家，工诗文，精鉴藏，通文史。北洋政府官员，古物陈列所第四任所长。题铭中的「阏逢困敦」即甲子，为1924年。

郑孝胥

郑孝胥（1860-1938年），字苏戡，一字太夷，号海藏，福建福州人。近代著名政治家、书法家。

郑孝胥铭洮河石砚　宋

长23.5、宽15.5厘米

砚作长方形抄手式，造型端庄质朴。石质温润如玉，砚面隐现黄色圆形纹理。砚体左侧刻郑孝胥题铭"北宋洮河产研 孝胥"，砚背刻周肇祥题铭"黄河溢 钜鹿没 八百年 井中出 汝之心 坚且洁 照古今 若碧月 阏逢困敦之秋养庵铭"。宋代洮河石砚传世极少，弥足珍贵。

十八罗汉洮河石砚　明

长26.5、宽20.2厘米

　　石质细润，色泽黄绿。砚体作椭圆形，砚面涮池，中有圆形砚堂，堂周满雕云龙、海水，堂首正中精雕高耸云天的宫殿楼阁，气势恢弘。砚背覆手内浮雕鱼龙戏水图，生动活泼，砚侧四周环雕十八罗汉像，登云踏水，呼之欲出。砚体内侧刻七言绝句诗一首。此砚雕工精美，刀法苍劲，器形浑厚凝重，实属洮河砚中不可多得之上品。

王稚登澄泥砚、王稚登全集　明

砚长15.8、宽10.4厘米

　　砚、文集同椟。砚作长方形。鳝鱼黄色，因年久，色暗黑。水池内隐含墨渍。通体光素无纹。从质地、造型看，洵非近物。右侧隶书"半偈安藏研"，其右侧行书三行。字体清丽，书刻俱佳。此王稚登全集共6册，收有王稚登的诗、赋、传、文等。半偈安是王稚登的号。徐世章先生对每一件藏品都特制囊匣妥善保存，并尽量收集与该物品相关的墨迹、印章、书籍等资料，共装一匣，以便研究评估。

王稚登

王稚登（1535-1612年），字伯谷、百谷，江苏长洲人，后移居吴门。著名书法家，亦善诗文，名满吴门。《明史》有传。

徐立纲铭歙砚、徐立纲款墨　清

砚：长16、宽10.6厘米，墨：直径7.9厘米

　　砚作长方形，砚面三边刻有云纹花边。砚背有"百云"铭文及印。旁刻"乾隆辛丑（1781年）春王正月古虞徐立纲制赠"。此砚石质、制作均较优异。徐世章先生收藏此砚后又得"百云"署款赠墨，并将砚、墨合装一椟。

徐立纲

徐立纲，生卒年不详，字条甫，号百云，浙江上虞人。乾隆四十年（1775年）进士，善书法，又好制砚、墨，常以馈赠。

黄任

黄任，福建永福人，生于清康熙二十二年（1683年），以嗜砚闻名于时。周绍龙，字允乾，号瑞峰，合县（今福州）人。雍正元年（1723年）进士，官至顺天府丞。书法精妙，对砚台有浓厚兴趣。

黄任铭墨雨端砚　清

长22.3、宽18.3厘米

此砚随形而制，砚体敦厚典雅，为典型的清初制品。砚面中部作"井"字形砚堂，石内含有许多墨点，呈斜线状，如细雨徐徐而下，妙趣天成。因此徐世章先生将它命名为墨雨砚。砚面上端有周绍龙题铭及刻款"绍龙"印，表明此砚为黄任十砚轩美砚之一。砚面左侧有葫芦形"困学"印及"冻井山房"印。砚背刻一老者戴斗笠扛锄像，怡然自得；左侧有黄任篆书题铭及刻款"黄任"印。砚体右侧刻有"石髓"二字。"困学"语出《论语》，为刻苦学习之意。

纪昀为那彦成铭端砚　清

长14、宽8.8厘米

　　砚作长方形，池边四周刻夔龙纹，石质细腻，造型端庄，砚背楷书铭"绎堂尝攫取石菴砚，后与余阅卷聚奎堂，有砚至佳，余亦攫取之。绎堂爱不能割，出此砚以赎。因书以记一时之谐戏，且以证螳螂黄雀之喻诚至言也。乾隆乙卯（1795年）长至晓岚识"。铭文中引用了典故，涉及了名人，表现了文人之间赏砚、论砚、交换攘夺等趣事。此砚著录于《阅微草堂砚谱》。徐世章在内盒底丝绸垫上墨书"此砚癸酉（1933年）秋九月所得，与《阅微草堂砚谱》尺寸题铭悉合，石质亦佳，诚佳品也。乙亥（1935年）五月八日濠园记。"并钤"世章心赏"、"濠园宝此过于明珠骏马"印。

纪昀

纪昀（1724-1805年），字晓岚，一字春帆，晚号石云、观弈道人，直隶献县（今属河北）人。清代名臣、学者、文学家、诗论家，著有《四库全书总目提要》、《阅微草堂笔记》等。

绎堂、石菴

绎堂即那彦成，满洲正白旗人，姓章佳氏，号绎堂。乾隆年间进士。历仕乾隆、嘉庆、道光三朝，工诗能书。石菴即刘墉，字崇如，号石菴，乾隆年间进士，官至体仁阁大学士，善书，名满天下，著有《石菴诗集》。

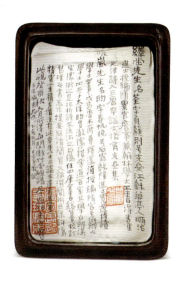

李馥

李馥（1662—1745年），字汝嘉，号鹿山，福建闽县人。清康熙举人。官至浙江巡抚。工诗，著有《鹿山诗钞传》。

赵国麟

赵国麟（？—1751年），字仁圃，号拙庵，山东泰安人，清朝大臣。康熙朝进士，曾授直隶长垣知县，为官清政。

老子清静经端砚　清

长19.4、宽13.7、高3.6厘米

砚作长方形，体式厚重，为老坑佳石所制。砚面淌池，三边刻夔龙纹，两侧精刻"李馥"款小楷《清静经》，末署"康熙岁次丁卯桂月望日，后人馥敬书。"下有"鹿"、"山"两方篆印。砚背刻老子像，并附"赵国麟"款，铭曰"余持节闽中时得此，为李鹿山中丞枕祕，老坑质朴，静寿永贞。旁系清静经，可知衣钵瓣香，不遗祖训，珍诵之余，直令人追慕道纵于函间耳。敬镌像于砚阴，并记其缘起。"落款"乾隆戊午（1738年）跛道人麟"并有两篆字印"国"、"麟"。

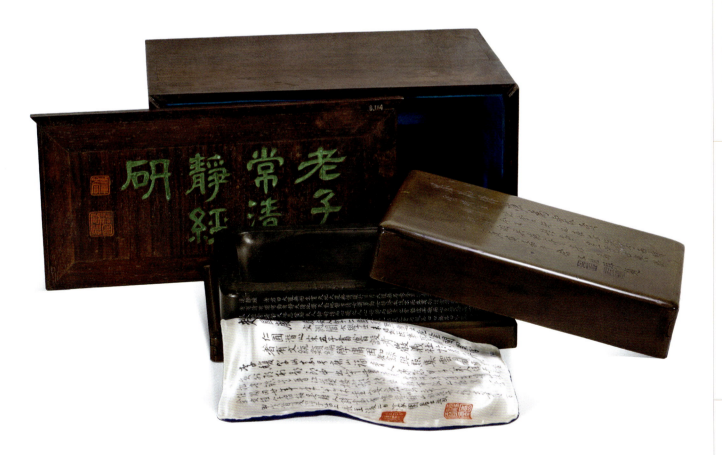

田横岛

田横岛，位于山东省即墨市东部海域的横门湾中。据《史记》载，秦末汉初，刘邦遣使诏齐王田横降，横不从，于洛阳途中自刎，岛上五百壮士闻此噩耗，集体挥刀殉节，世人惊感田横五百义士之忠烈，遂命此岛曰「田横岛」。徐世章收藏此砚，敬重的是田横的忠义之气节，故在木匣题刻：「此种壮烈之举，亘古稀有……此孤岛中之一片石，亦具有孤特之性，坚贞之质，当为义士精诚所结，制以为砚，则临池赏玩犹想见古人不屈不挠之精神，忠义悲壮之气概，发人猛省，余获此砚于津肆，深觉珍贵愈恒，特制匣以藏，并补铭于匣端，以志景慕，是为记铭「孤岛奇石兮，会天地之精英，磨而不磷兮，与忠烈同其贞，制斯砚以垂不朽兮，千载下犹景仰义士之名」。」

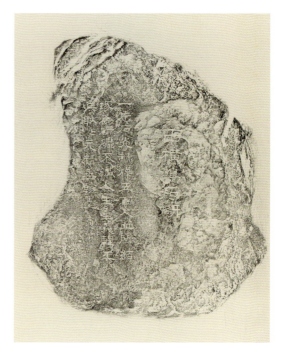

田横岛石砚　民国

长29、宽25.5厘米

随形简雕。砚背铭"田横岛石研"五大字及"一片石光赫烨，五百人血所结。琢为研，礳不灭。人生重义轻王侯，耿耿元精垂翰墨。"

周芷岩刻书画臂搁　清乾隆

长32.5、宽7厘米

　　此件臂搁正面阴刻清代大臣及书法家梁诗
正行书七言绝句一首；背面附刻石崖、溪水，
一竹悬于石崖之上，迎风摇曳，一派江南瑰丽
景色，所刻溪水，刀法灵活、运刀力爽，表现
竹被风吹动的婆娑之态，生动之至。有署款
"芷岩"，当为周芷岩精绝之作。

周芷岩

周芷岩（1685-1773年），字晋瞻，
号雪樵、芷岩、晚号髯痴，嘉定
人，是清代极负盛名的竹刻家，以
薄浮雕及浅刻为主，开创了将山水
画的皴法融入竹刻中的新技艺。

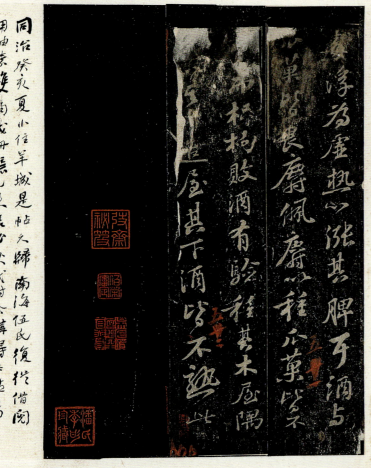

《西楼苏帖》册　宋

纵29.5、横21.5厘米

　　此帖是北宋文学家、书法家苏轼的集帖拓本，收入苏轼29岁至66岁之间的行书、草书、楷书诗文、信札60余篇，其中有些可补《苏东坡全集》之失遗，文献及书法价值都很高。西楼是成都名迹，其刻石在明代已佚。此帖是宋人书、宋人刻、宋人拓，堪称"下真迹一等"，历经多位名家鉴藏，流传有序，极为珍稀。

怀仁集王羲之书《圣教序》拓本　宋

纵25.6、横12厘米

　　此拓为一册，25开，跋21开。首有隶书"墨皇"二字，故称墨皇本。崇恩长跋14开，眉批若干，何绍基赋诗2开。其中崇恩跋中叙述了此帖的收藏经过及对其的珍爱。从整个拓本的精神看，怀仁用王书所集成的此帖，字的大小匀称，字与字之间连接和谐，神情贯通，毫无东搬西凑的生硬感觉，宛如王羲之一时手写一般。集王书《圣教序》是王字最丰富的一件，是研究王羲之书法的极好资料。

　　崇恩为道光、咸丰年间人，精鉴赏、富收藏。

缂丝明皇试马图轴　清
纵93.5、横41.9厘米

此件为绢本，蓝青地设色，以缂丝摹拟唐代画家韩幹《明皇试马图》。画面上半部缂金色乾隆御题行书11行，落款"戊子新春月御题"；中部缂宋徽宗瘦金书题名及乾隆御题诗以及内府鉴藏印文二十方；画面为唐明皇骑着一匹骏马，侍从在前面开道，监牧官牵着马的缰绳，明皇准备亲自试马的情景，画面缂工精细工整，人物栩栩如生，形象逼真，当系乾隆时期经典之作。

缂丝是以"通经断纬"的特殊方法织成的丝织品，是织物中最高级的一种，早在宋代缂丝工匠已经能够随心所欲把绘画艺术巧妙地复制出来，乾隆时期缂丝技术达到了顶峰。

第 三 部 分

周叔弢先生捐献文物

　　周叔弢（1891-1984 年），原名明扬，
后改名暹，字叔弢，以字行。生于扬州，
祖籍安徽东至。其祖父周馥是晚清的重
臣，叔父周学熙是民国初期财政总长。著
名民族实业家、爱国人士，闻名海内外的
古籍、文物收藏家及鉴赏家。曾任全国
政协副主席、天津市副市长等职。

　　周叔弢先生是古籍、文物的收藏和
鉴赏大家，也是赫赫有名的民族文化的保
护使者。从 1952 年起，周叔弢先生多次
将几十年收藏的宋、元、明抄本、清代善
本及其他中外珍贵图书 4 万余件及历史文
物 1300 余件捐献给国家。其捐赠的敦煌
文书、古玺、书画等成为天津博物馆的重
要藏品。

王戎兵器铜玺　春秋

长4.8、宽3.3、高1.9厘米

　　鼻钮，菱形，背部饰蟠螭纹。字体为大篆，铸阳文"王戎兵器"四字，文意是：王军旅所用兵器。系在军中发放兵器的文书上封缄所用。此玺经李学勤、陈邦怀等先生确认是现存最早的官玺，也是传世品中唯一的春秋铜玺，极为珍贵。

长平君相室鉨玉玺　战国

长2.2、宽2.2、高1.7厘米

　　白玉质，覆斗钮。文字镌刻精美，为白文"长平君相室鉨"六字。长平君，人名；相室，职称。人名与职称连署，于古玺中稀见。

弋得松石玺　战国

直径1.3、高1.1厘米

　　"弋得"是人名，字体为战国古文篆书。战国私玺。

左桁廩木铜玺　战国

直径3.4、高6.4厘米

　　印文为阳文"左桁廩木"四字。字体为战国古文大篆。左桁廩木应是专门管理粮仓用材的属官用印。此玺造型独特，作圆筒形，是一枚火烙印。

平冝左廩铜玺　战国

长2.8、宽2.7、高1.2厘米

　　鼻钮后配，印文为阴文"平冝左廩"四字、字体深，有阴刻边框。此玺是战国时期平阿地方管理米仓官员的官玺。

勿征关鉥铜玺　战国

长3.3、宽3.3、高1.1厘米

鼻钮，铸阳文"勿正（征）关鉥"四字，玺文可与安徽省寿县出土的楚器鄂君启铜节的铭文及《管子·小匡》所载货物通关时不征税的内容相对照，为通过关卡时免征货税的官方凭证，是研究楚国税制的珍贵资料。

西方疾银玺　战国

直径1.1、高1.5厘米

圆形印面，有窄边框，印文为阳文"西方疾"三字。"西方"为姓氏，"疾"为人名，书体是战国古文篆书。战国私玺。

人马戈羃纹巴蜀铜玺　战国

直径3.5、高1.2厘米

印面刻铸阴纹人、马、戈、羃四个图形。此玺是战国时期的肖形玺，从印面图案来看，应为巴蜀地区使用的铜玺。此类玺传世、出土均少见，弥足珍贵。

Cultural Relics Donated by Tianjin Collectors

燕女枝印铜印　西汉

长2.3、宽2.3、高1.8厘米

　　印文为阴文"燕女枝印"四字。字体宽厚大方，结构工整谨严，铸造精良。西汉私印。

左礜桃支铜印　西汉

长2.5、宽2.5、高1.7厘米

　　方形印面，有"田"字界格。印体扁平，蛇钮。印文为阴文汉篆"左礜桃支"四字，铸造粗糙。蛇钮印只出现在西汉建国之初，使用时间很短。这类印传世极少，较为珍贵。

朱偃玉印　汉

长1.9、宽1.9、高1.6厘米

　　私印。正方形印面，背设覆斗钮，左右横贯一穿，以备系绶，印文为阴文小篆"朱偃"二字。笔画挺劲，章法严谨。质属青玉，沁色半阴半阳，巧妙自然，整个玉印光泽温润。

汉匈奴破虏长铜印　东汉

长2.2、宽2.3、高3厘米

驼钮，钮的造型铸刻清晰。印文为阴文汉篆"汉匈奴破虏长"六字。此印即是东汉朝廷颁发给归附的匈奴首领的官印。

赵诩子产三十字铜印　汉

长2.3、宽2.3、高1.7厘米

瓦钮，铸阴文30字。印文为"赵诩子产印信。福禄进，日以前，乘浮云，上华山，食玉英，饮醴泉，服名药，就神仙。"赵诩为人名，子产是其字号。印文属道家学道求仙的内容，是迄今所知文辞最长的古印。

中垒左执奸铜印　新莽

长2.3、宽2.3、高2.1厘米

龟钮，铸阴文"中垒左执奸"5字，文字纤细坚挺。中垒为官职名，执奸有执法刺奸之意，是罕见的新莽时期的官印，对于研究当时的法制及官制有重要史料价值。

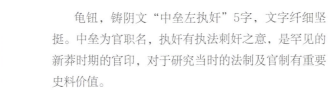

君侯之玺铜印　东汉

长1.8、宽1.8、高1.3厘米

　　龟钮，铸阴文"君侯之玺"四字。君侯是列侯的尊称。君侯玺迄今仅此一件，且雕铸精良，对研究汉代等级制度有很高的史料价值。

曹氏六面铜印　晋

长2.3、宽2.3、高3.6厘米

　　女子用私印。印文为"曹氏"、"女言疏"、"曹氏印信"、"曹新妇白疏"、"官"和"印完"。书体为悬针篆，上部笔画结合紧密，下部体势伸展自如，收笔尖细，形成疏密有致的结构特点，与魏正始石经的字体相似，是研究玺印字体流变的重要资料。

敦煌遗书

敦煌遗书是4－11世纪（约六、七百年间）书写的古代文献，遗书总数约五万件。其中，大部分为佛教文献，多用汉文、梵文、藏文、粟特文、回鹘文、于阗文书写和刻印。此外，部分遗书还广泛地涉及我国西部和中亚地区各民族古代社会政治经济、文化生活、佛教东渐以及书法演变等，是研究历史的宝贵资料。

周叔弢先生捐献的敦煌遗书，特点是大多年代较早，首尾完整，书法精美，其中有年款的写经占了很大部分。

羯磨经卷　北齐天保九年

纵26.5、横742厘米

　　楷书，墨色均匀。卷尾题："羯磨一卷"；其后有题记："天保九（年）四月廿五日比丘法慧敬造羯摩供养愿愿从心。"此卷书体精美，并钤有李盛铎鉴藏印。

楷书禅数杂事卷　隋开皇十三年

纵27.3、横450厘米

　　纸本，有乌丝栏。10纸、每纸22行，行17字。楷书，书体精美。内容大抵取自《安般守意经》有关坐禅事诸条，文献价值极高。卷尾有长题，题记中经生、校经、教士、学士等一一署名，是首尾齐全的珍贵写本。《国家珍贵古籍名录》选录。

有七覺意何⋯⋯者八行即曰身有五相道

有五根人有五力道有五力人有七使道有

七覺意人行八宜應道八種隨病說藥曰錄

相應眼受色為根耳受聲為根鼻受香為根

口受味為根身受細滑為根問曰何以故名

為根已受當復生故名為根耳目鼻口身以不

向對是為力眼不受色可不受聲鼻不受香

口不受味身不受細滑便為道根制意精進

為五力不隨七使為觀意以八宜為道行五

根為堅意五力為不轉意七覺意為政意八行

為真意

問曰信根中有幾陰師曰三陰何等三有痛

痒陰有思想陰有識陰

問曰定根中有幾陰師曰有一陰何等一有

識陰

佛言持戒忍辱精進為遂意禪為繫意卅七

品經為絆意

佛言有四事可畏何等四一者老可畏二者

身可畏三者意可畏四者行可畏是為四畏

菩薩行道有四證何等四一者見老二者見

病三者見死四者見苦已見證迫促急故行

道問曰人曰稍曰稍死何以故不畏臨死時

何以故畏期到故

問曰人欲死不渡識人何以故師曰識故盡

更向餘曰緣開識為在何兩師曰識在曰緣

已見在見

佛言識為種精為地六入為栽計是我所為

枝葉愛為華名字為實身三惡從亂意得

三善從定意得

佛言有行根有得根有眼根有耳根有鼻根

有口根有身根是身五根意為種何以故

根受六衰故為根有身痛有意痛著五根為

身痛離五根為意痛辟如淫扇風起扇如身

風如意

摩诃般若波罗密经卷　北宋治平四年

纵25.7、横696厘米

　　纸本，楷书写《摩诃般若波罗密经》324行。书体工整俊秀，是宋代写经的典范。有宋治平四年（1067年）款和元代顾阿英跋。曾入清代乾隆内府珍藏，《秘殿珠林》著录，后从清宫佚出，辗转为周叔弢购藏，并于1981年捐献。

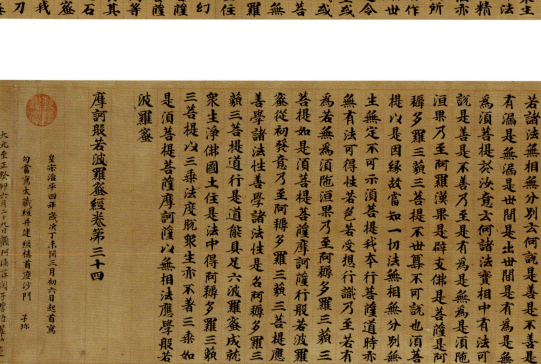

真山縣景德寺大藏

摩訶般若波羅蜜經卷第三十四　河　二十二紙

無漏行六度品之餘

後秦鳩摩羅什奉　詔譯

須菩提言世尊菩薩摩訶薩去何於諸法無
相無作精進故得法中能具足毗梨耶波羅蜜佛
告須菩提菩薩摩訶薩行般若波羅蜜時成
就身精進心精進入初禪乃至入第四禪受
種種神通力能分一身爲多身乃至手捫摸
日月成就身精進故飛到東方過無量百千
萬諸佛世界供養諸佛飲食衣服臥具
華香瓔珞種種所須乃至阿耨多羅三藐三
菩提福德果報終不減盡是菩薩得阿耨多
羅三藐三菩提時一切世間天及人勤設供
養衣服飲食乃至入無餘涅槃後舍利及弟
子得供養亦以是神通力故至諸佛所聽受
法教乃至阿耨多羅三藐三菩提終不違失
是菩薩修一切種智時淨佛國土成就衆生
如是須菩提菩薩摩訶薩行般若波羅蜜成
就身精進能具足毗梨耶波羅蜜去
何菩薩成就心精進具足毗梨耶波羅蜜
須菩提菩薩摩訶薩心精進以是心精進
無漏入八聖道分精進不令身口不善業得
入亦不取諸法相若常若無常若樂若
我若無我若有爲若無爲若欲界若色界若
無色界若有漏性若無漏性若初禪乃至第
四禪若慈悲喜捨若無邊虛空乃至非有
想非無想處若四念處四正勤四如意足五
根五力七覺分八聖道分若空若無相若
佛十力乃至十八不共法不取相若常若
常若苦若樂若我若無我苦無我若有若無果若斷若

隨含果阿那含果阿羅漢果辟支佛道諸有
善法能令衆生得道甘教令得是菩薩住此
禪那波羅蜜中能生一切陀羅尼門得四無
礙智得報得諸神通是菩薩終不入毋人胞
胎終不受五欲無生不生亦不爲生法
所汙何以故是菩薩見一切作法如幻而利
益衆生亦不得衆生及一切法教衆生令得
菩薩但住如幻法中饒益衆生亦不得衆生
亦不得幻若無所得是時能成就衆生淨佛
國土如是須菩提是名菩薩具足禪那
波羅蜜乃至須菩提是能轉法輪所謂不可得法輪復
次須菩提菩薩摩訶薩行般若波羅蜜知一
切法如夢如響如影如焰如幻如化須菩提
白佛言世尊菩薩摩訶薩去何知一切法如
夢如響如影如焰如幻如化須菩提菩薩摩
訶薩行般若波羅蜜時不見夢不見夢者
不見響不見響者不見影不見影者不
見焰不見焰者不見幻不見幻者不見
化不見化者何以故是夢響影焰幻化世
是凡夫愚人顛倒法故阿羅漢不見夢不見
夢者乃至不見化不見化者辟支佛菩
薩摩訶薩諸佛亦不見夢亦不見夢者乃
至不見化亦不見化者何以故一切法無
所有性不生不定若法無所有性不生不定
是中取菩薩摩訶薩當去何行般若波羅蜜如是
菩薩摩訶薩行般若波羅蜜不著色乃至不
著識不著欲色無色界不著諸禪解脫三昧
不著四念處乃至八聖道分不著空三昧無
相無作三昧不著檀那波羅蜜尸羅波羅蜜

钱贡　城南雅逸图卷　明

纵28.5、横137.8厘米

　　此图以清秀淡雅之笔墨绘苏州城南新秋景色。城墙、庙宇、村舍、树木、人物安排井然有序，显示出画家在经营位置方面的深厚功力。设色天真自然，清雅恬淡。用笔秀润畅达，别具一格。卷末自署"戊子新秋钱贡"（戊子为1588年），是钱贡存世作品中的上乘之作。清宫旧藏，《石渠宝笈重编》著录。

钱贡

钱贡，字禹方，号沧州，吴（今江苏苏州）人。擅山水，亦长人物。山水出于文徵明，位置适宜，颇有可观。人物有仿唐寅大幅，极为逼真。

项圣谟　且听寒响图卷　明

纵29.7、横413.5厘米

　　纸本墨画。此山水横卷以潇洒之笔画出了江南寂寥的冬景。该
画有乾隆、嘉庆、宣统三帝御印，著录于《石渠宝笈续编》（御书
房），1952年周叔弢先生捐赠。

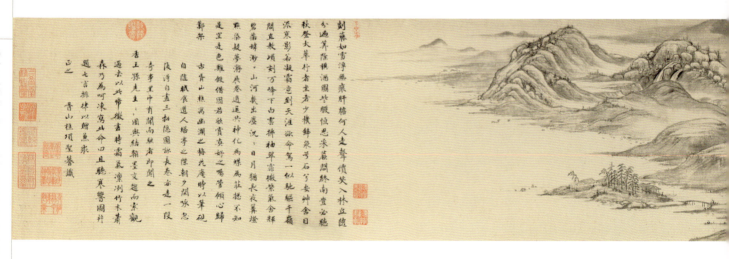

项圣谟

项圣谟（1597—1658年），明末清初画家。字孔彰，号易庵，别号胥山樵等，浙江嘉兴人，是大收藏家项元汴之孙。项圣谟出身世家，他自幼受家庭熏陶，精研古代书画名作，又善于从生活中摄取素材，其作品具有鲜明的风格，在明清之际的画坛上独树一帜。

石涛

石涛（1642—1718年），明藩靖江王后裔，本名朱若极，明亡后出家为僧，法名原济，别号苦瓜和尚。广西全州人。善画山水及花果竹兰，兼工人物，主张师法自然『搜尽奇峰打草稿』，力矫当时摹古之风。所画山水构图新奇，笔墨雄健，气势豪壮沉郁，风格独特，与朱耷、髡残、弘仁并称『清初四僧』。

石涛　巢湖图轴　清
纵96.5、横41.5厘米

此图绘安徽巢湖的风光。构图新颖简洁，只在画面下部及右侧绘杨柳堤岸，亭台楼阁，而留下大面积水域表现巢湖的波光浩淼。画上部作者自题诗三首盛赞巢湖的美丽风光，并记述了作该画的背景。此画作于1695年，时年石涛53岁，是作者晚年的精心之作。

第 四 部 分

张叔诚先生捐献文物

张叔诚（1898-1995 年），名文孚，别名忍斋，直隶通县（今属北京）人，前清工部右侍郎、总办路矿大臣张翼之子。著名实业家、文物鉴藏大家。

张叔诚受父兄熏陶，自幼对文物有着浓厚的兴趣，尤其笃好书画。他为辨别书画真伪，悉心研究画论，遇名人力作不惜重金购买，其书画收藏，几乎件件是精品。如范宽《雪景寒林图》轴、边鲁《起居平安图》轴、钱选《花鸟图》卷、赵孟頫行书《洛神赋》卷、仇英《桃源仙境图》轴、陈道復《罨画山图》卷、吴历《寄唐半园山水图》轴、王翚《云山竞秀图》卷、恽寿平《瓯香馆写生》册等，都为各个时代脍炙人口的优秀作品，是研究中国绘画发展史的典型之作。张叔诚先生曾于1981 年、1986 年、1987 年三次将自己的藏品 480 余件捐献给国家，其捐赠的书画、玉器等成为本馆的重要藏品。

赵孟頫　行书洛神赋卷　元

纵29.2、横193厘米

《洛神赋》并序共67行，元大德四年（1300年）书。书体结构谨严，圆活遒媚，是赵孟頫行书力作。曾经明代项墨林，清代陈淮、陈崇本、孙尔准、崇恩及近代张翼等人鉴藏。

赵孟頫

赵孟頫（1254—1322年），字子昂，号松雪道人，浙江吴兴人。宋宗室。元代最负盛名的书画家，篆、隶、楷、行、草无一不精。主张作书要有古意，对后世影响颇大。

洛神賦 并序

黄初三年，余朝京師，還濟洛川。古人有言，斯水之神，名曰宓妃。感宋玉對楚王神女之事，遂作斯賦。其詞曰：余從京域，言歸東藩，背伊闕，越轘轅，經通谷，陵景山。日既西傾，車殆馬煩。爾乃稅駕乎蘅皋，秣駟乎芝田，容與乎陽林，流眄乎洛川。於是精移神駭，忽焉思散。俯則未察，仰以殊觀。睹一麗人，于巖之畔。乃援御者而告之曰：爾有覿於彼者乎？彼何人斯，若此之艷也！御者對曰：臣聞河洛之神，名曰宓妃。然則君王所見，無乃是乎？其狀若何？臣願聞之。

余告之曰：其形也，翩若驚鴻，婉若游龍，榮曜秋菊，華茂春松。髣髴兮若輕雲之蔽月，飄颻兮若流風之迴雪。遠而望之，皎若太陽升朝霞；迫而察之，灼若芙蕖出淥波。穠纖得衷，修短合度。肩若削成，腰如約素。延頸秀項，皓質呈露。芳澤無加，鉛華弗御。雲髻峨峨，修眉聯娟。丹脣外朗，皓齒內鮮。明眸善睞，靨輔承權。瓌姿艷逸，儀靜體閑。柔情綽態，媚於語言。奇服曠世，骨像應圖。披羅衣之璀粲兮，珥瑤碧之華琚。戴金翠之首飾，綴明珠以耀軀。踐遠遊之文履，曳霧綃之輕裾。微幽蘭之芳藹兮，步踟躕於山隅。於是忽焉縱體，以遨以嬉。左倚采旄，右蔭桂旗。攘皓腕於神滸兮，採湍瀨之玄芝。

余情悅其淑美兮，心振蕩而不怡。無良媒以接歡兮，託微波而通辭。願誠素之先達兮，解玉佩以要之。嗟佳人之信修，羌習禮而明詩。抗瓊珶以和余兮，指潛淵而為期。執眷眷之款實兮，懼斯靈之我欺。感交甫之棄言兮，悵猶豫而狐疑。收和顏而靜志兮，申禮防以自持。

金润　溪山真赏图卷　明

纵29、横106.5厘米

　　此图用笔秀逸简淡，设色清雅，构图平
远，疏密有致。是金润画作精品。曾入清内府
收藏，《石渠宝笈重编》著录。据题跋可知此
画是金润为其婿陈坚远所作，作于明成化十四
年，属晚年之作，亦是其现存海内孤本。

金润

　　金润，生卒年不详，字泊
玉、静虚，上元（今江苏
南京）人。擅长音律书
画。绘画以山水见长，取
法元代方从义。

文徵明　林榭煎茶图卷　明

纵25.7、横114.9厘米

　　此画纸本设色绘山林人物，用笔细劲秀润，用墨精到，皴擦点染功力卓绝，是文徵明细笔作品中的代表。款署"徵明为禄之作"，禄之即明代画家王榖祥。此图曾入藏清乾隆内府，画面钤"乾隆鉴赏"等乾隆七玺，作品流传有序。卷尾有文徵明行草自题诗二首，书法飘逸多姿。

文徵明

文徵明（1470—1559年），名壁，字徵明，号衡山居士等。长洲（今江苏苏州）人。与沈周、唐寅、仇英齐名，并称『明四家』。

王翚　云山竞秀图卷　清

纵36.5、横438.5厘米

　　绘群山绵延，林木葱茏，云蒸霞蔚，颇为壮观。此图是王翚为安岐三十寿诞所绘。王翚时年83岁，二人可谓忘年交，足证作为收藏家，安岐在画坛享有的崇高声望。

王翚

　　王翚（1632—1717年），字石谷，号乌木山人，江苏常熟人，清代正统派山水大家，与王时敏、王鉴、王原祁并称『四王』。

吴历　寄唐半园山水图轴　清

纵63.5、横38厘米

　　此作构图紧结，平中有奇。作者用淡、焦墨以小笔触点擦，层层积墨，笔墨绵密厚重。自识"廿载心怀积未倾，拟将图画寄茸城。思君文字清宵谶，侯府杯中月最明。诗画寄怀半园先生。墨井道人。"钤朱文方印"墨井"。半园即唐宇昭。

吴历

　　吴历（1632—1718年），号渔山，江苏常熟人。擅山水，师法黄公望、王蒙，喜用焦墨干笔。与『四王』、恽寿平同称清初画坛『六大家』。

恽寿平　瓯香馆写生图册　清

纵22.8、横28.5厘米

　　此画册以没骨法分别绘桃花、石榴花、竹、萱草、芍药、枇杷、菊花、松梅、海棠、凤仙等花卉十开。以潇洒秀逸的用笔直接点蘸颜色敷染成画，花叶筋脉向背清晰，形神兼备，天趣盎然。每开题诗一首，与画作交相辉映，更为增色。该画册体现了恽寿平以写生为基础、深研摹写，力求得花卉活色生香的深厚功力，为其作品中不可多得的精品。

恽寿平

　　恽寿平（1633—1690年），初名格，字寿平，后以字行，号南田等，江苏武进人。他擅长花卉、山水，尤其是在花卉画方面，兼取各家之长，极大地发展了没骨写生画法，其画风对清代花卉画创作影响深远。

玉螳螂　商

长9.7、宽 2.2厘米

　　体厚重可稳立。螳螂圆眼外突，前肢折曲，形象生动，身阴刻双钩云纹。质地、做工均为商代晚期上乘之作。

龙纹管形玉饰　西周

长5.7、宽2.3厘米

　　玉质白色，温润无瑕。器形呈扁圆柱体，宽窄不一。管面饰一条螺旋式行龙，眼角出钩形线，翘唇，龙身饰卷云纹，鳞纹；另有一条虺纹，体短，尖嘴，如小蛇。此器刀工精细，纹饰简洁，可能作为玉组珮中的组件使用。

蟠虺纹玉器柄　春秋

长9.8、宽4厘米

　　青玉，经严重浸蚀成为黄褐色。厚片状，整体呈"T"形，上部阴刻龙首纹，下部饰交错盘绕的龙纹，龙身饰丝束纹，背面光素。器物边缘出脊，底端出一短榫，榫中部钻一孔洞。系春秋时期典型玉作。

蟠螭纹玉剑格　汉

长5.8、宽2.3厘米

　　和田白玉，有褐色沁。高浮雕并线刻正面螭纹，背面有对卷云纹。从中间保存部分残剑，可以判断器物的功能。此器纹饰精美、工艺精湛，是同类器型中的精品。

克镈　西周

高63厘米

　　西周厉王时期的打击乐器。上部钮由透雕夔纹组成，镈身有透雕连环夔纹组成的棱脊，腹部饰双龙组成的兽面纹。造型瑰丽，制作精湛。有铭文16行79字，记载周王召见赏赐克(做器人)车马之事。此镈是西周青铜乐器中的重器，享誉海内外。清光绪十六年（1890年）陕西省扶风县法门寺任家村出土。

第 五 部 分
其他捐献人捐献文物

伴随着共和国 60 余年的辉煌历程，先后有来自社会各界的人士将竭力集藏的珍贵文物，无私地捐赠给博物馆，化私为公，藏宝于国。其中，既有社会名流、学者、艺术名家、工商企业者、海外侨胞，也有普通市民。所捐文物中精品、绝品层出不穷，为天津博物馆这座具有国际影响的艺术殿堂奠定了坚实的藏品基础。

方于鲁 妙歌宝轮墨 明

直径9、厚1.6厘米

杨石先捐献

　　明代制墨大家方于鲁作。一面描金彩绘图案，中间上部阳文楷书"妙歌宝轮"四字，两侧描金篆书"天宝"二字，左下阳文楷书"画一墨"；另一面描金彩绘法器。侧面楷书"瑞元妙品"四字。彩色仍很鲜艳，明代流传至今的彩墨不足十块，极为珍稀。

程君房 百子图墨 明

直径12.4、厚1.8厘米

杨石先捐献

　　浮雕神态各异的幼童在无忧无虑地嬉戏玩耍，图纹洋溢着一派欢乐的气氛。画面构图饱满，繁而不乱，人物刻画生动细腻，体现出了较高的艺术性。此墨出自明代制墨名家程君房之手。

杨石先

杨石先（1897-1985年），蒙古族，浙江杭州人（祖籍安徽怀宁），11岁随家迁津。1931年获耶鲁大学博士学位，历任南开大学教务长、校长、名誉校长。著名化学家和教育家。1952年将家藏的古墨和善本图书全部捐赠给国家。

程君房

程君房，字幼博，号墨隐山人，安徽歙县人，其制墨不仅注重墨的内在质量，而且对墨的造型、图案也十分考究，并著有《程氏墨苑》一书传世。

太保鼎 西周

高57.6厘米

1958年徐世昌孙媳妇张秉慧捐献

西周康王时期的礼器。四足方鼎。直耳，耳上有垂角双兽，作攀附状。腹壁四隅起棱脊，腹饰兽面纹及垂叶纹。柱足饰兽面纹，有棱脊，中部附圆盘。造型优美独特，铸造工艺精湛。内壁有铭文"大（太）保铸"三字。太保，官名，即辅助周王的要臣召公奭。

据传此鼎为清道光、咸丰年间山东省寿张县梁山出土，堪称国之瑰宝。

第五部分　其他捐献人捐献文物

克鼎　西周

口径32.8、高35.1厘米

张秉慧捐献

　　立耳平唇，器壁斜外张而下垂，颈部有六个短扉棱，下承三条兽蹄形足。耳上饰夔龙纹，颈饰窃曲纹，蹄足上饰兽面纹。腹内壁铸铭文八行72字。

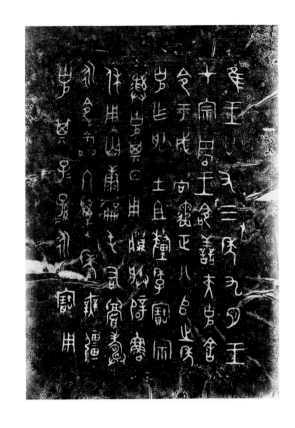

克钟　西周

高51.1厘米

张秉慧捐献

　　钟是商周时期的军乐器，作战时敲击来鼓舞军队的士气。用时将钟悬挂在木架上，以槌击打鼓部，即可发声。此钟舞及缘饰窃曲纹，鼓部饰夔纹，钲部、左铣部皆铸有铭文。记载克接受周厉王的命令，到指定的地方巡查，克完成任务后得到周王赏赐，特铸此编钟，以追念逝去的先辈并祈福。

太师鼎　西周

口径44、高49.8厘米

张秉慧捐献

　　立耳，宽唇，腹部向下收敛成圜底，足呈马蹄形，腹上部饰一圈重环纹，腹内壁铸铭文三行12字。此太师鼎原系江苏丹徒刘鹗旧藏。

芮太子伯鼎　春秋

口径35.5、高29.8厘米

刘志文、薛海如、薛鹤清、薛厚昆捐献

　　圆形，口沿宽折而外撇，双附耳，腹微鼓，圜底，兽蹄形足。腹上部饰窃曲纹，下腹饰垂鳞纹。线条流畅，刻划细腻。口沿内侧的腹壁铸有铭文"芮太子伯作鼎其万年子孙永用"。

刘氏壶　西汉

口径11.8、足径13.1、通高31.5厘米

"澄秋馆"旧藏，陈宝琛亲属捐献

　　带盖，盖中心处有一钮，钮内环与壶的提梁相连，口外侈，长颈，下腹部呈半球状，两肩兽面铺首衔着活络提梁，高圈足，器腹部有四道隆起弦纹，壶外壁有铭文11字"刘氏容二升重十九斤十两"。

铜弩机　东汉永寿二年

纵18.7、横13厘米

杨健葊捐献

　　此弩机有隶书铭文"永寿二年七月己卯诏书作四石釠郭工童广史口椽记丞音令义监作"、"史州二二"、"考工四石椽史宫州八"，均为凿刻。永寿为汉桓帝年号。

吴颂平

吴颂平（1882-1966年），名熙忠，字颂平，以字行，生于天津，祖籍徽州，父吴调卿为天津近代四大买办之一。吴颂平一生对古物收藏情有独钟。宣德炉是他收藏的重要内容，他曾自誉为『宣炉王』。其部分精品铜炉被故宫博物院收藏。1990年9月，吴颂平先生的侄女吴佩球女士，受吴先生子女吴雅安等之托，将吴先生生前所藏的精品共198件，全部捐赠给国家。其中，两汉三国隋唐铜镜、明宣德炉等都大大丰富了天津博物馆的馆藏。

瑞兽羽人葡萄纹镜　唐

直径11.3厘米

吴雅安捐献

　　唐代铜镜铸造非常发达，葡萄纹镜
各地留存较多，但在纹饰中塑造羽人形
象却极少见，是唐镜中的珍稀作品。

神人车马画像镜　东汉

直径16.4厘米

吴雅安捐献

　　圆形，体大厚重，主题纹饰为东王公、西王母和车
马，间以四个乳钉纹。之外环绕铭文带一周，镜边缘饰
锯齿纹和水波纹。此镜采用浮雕式技法表现，使纹饰高
低起伏，层次分明。铭文精美，铜质精良。

宣德洒金铜炉　明

高12、口径22.5厘米

吴雅安捐献

　　器表呈栗壳色，大片洒金布满器身。器肩部有象首耳，器底铸有双龙戏珠纹及"大明宣德年制"篆书款。此器色泽柔润，铜质精细。是明宣德铜炉中的精品。

雍正款斗彩蟠螭纹长颈尊　清

高10.5、口径1.8、底径4.8厘米

吴雅安捐献

　　通体施白釉，釉面光亮细润。造型秀美端庄，颜色淡雅悦目。青花描绘的蟠螭蜿蜒盘绕，嘴中所衔灵芝鲜红欲滴，另有紫绿等色相配，色彩丰富，极具雍正斗彩的特色。底白釉楷书"大清雍正年制"款。

雍正款豆青釉寿字纹渣斗　清

高9.3、口径12.3、足径6厘米

吴雅安捐献

　　通体豆青色釉，釉面细润坚致，印暗花蕉叶纹和寿字，造型端庄秀丽，清雅吉祥。渣斗为古时用来盛兽骨和鱼刺的专用器皿。早在两晋时就开始制作，明代盛行，永乐、宣德时期多为青花装饰，清代造型比明代清秀典雅。

乾隆款斗彩团葵纹盖罐　清

高12、足径6.5厘米

韩瑾华捐献

　　器形规整，罐外壁饰斗彩的团葵花纹，纹饰吉祥、色彩艳丽。应是乾隆仿明成化作品。

顾得威

顾得威（1910-1994年），民国名人顾鳌之子。家学渊源。1949年前为收藏家徐世章等搜购大量珍贵文物。1958年后，在天津市文化局社会文化处从事文物出境鉴定、征集工作。为文博事业做出重大贡献，并多次将所藏珍贵文物捐献国家。

兽面纹玉珮　新石器时代红山文化

长16.5、宽5.4厘米

顾得威捐献

以镂空技法雕一兽面，圆目长齿，威猛狞厉，空灵奇特，为新石器时代红山文化典型之作。此器原为天津已故鉴藏家顾得威先生旧藏，1964年顾老捐献给天津市文化局，现藏于天津博物馆。

蒲纹兽面纹玉璧　西汉

直径25.3、肉10.3厘米

顾得威捐献

　　青绿色玉质，器表面有褐色沁和墨斑，璧体较薄，双面均刻有蒲纹、兽面纹，两种纹饰之间，以丝束纹为界，而使纹饰可分为内外两区。

获麋二雉十七龟腹卜甲　商

纵5.7、横3.8厘米

王懿荣旧藏，其孙女王福重捐献

　　此卜甲是商代武丁时期的刻辞。内容是记载商王田猎获麋二只雉十七只之事。该卜辞完整，记有地名，是研究商代狩猎和地理的珍贵资料。

王福重

王福重，天津师范大学特级教师，甲骨发现者之一，王懿荣的孙女。1961年王福重女士将其祖父王懿荣旧藏350件甲骨全部捐献国家，为甲骨学研究提供了重要的实物资料，表现出崇高的爱国情怀和无私奉献精神。

自丁陟自唐降卜骨　商

纵6.6、横2.1厘米

王懿荣旧藏，其孙女王福重捐献

　　该卜骨是商代祖庚祖甲时期的刻辞。内容记录了祭祀商先祖自唐（汤）至丁之事，是研究商代世系及祭祀制度的珍贵资料。

光绪丙午年造大清金币　清

直径3.8厘米，重37.2克

魏伯刚捐献

　　机制币。此币于光绪三十二年在当时大清户部造币厂及北洋银元局所铸。中央户部造币厂设在天津。此枚金币是试样币，并没有流通，传世稀见。

民国八年造袁世凯像贰拾元金币　民国

直径2.5厘米，重15克

魏伯刚捐献

　　天津铸币厂铸造。此枚金币是试样币，未经流通。精美稀见。

民国十年造仁寿同登纪念金币　民国

直径3.9厘米，重37.4克

魏伯刚捐献

　　天津铸币厂铸造。此币设计美观，铸工精良，试样币，未经流通，传世稀少，殊为珍贵。

魏伯刚

魏伯刚，天津近代货币收藏家。早年在天津金融界工作，用了毕生精力收集了一批近代很有价值的金银币，后悉数捐赠天津市文化局。

责任编辑　李　红

责任印制　梁秋卉

装帧设计　李　红

设计制作　雅昌设计中心·北京

图书在版编目（CIP）数据

志丹奉宝 ：天津收藏家捐献文物展 / 天津博物馆编 . -- 北京 ：文物出版社，2013.7

（天津博物馆文物展览系列图集）

ISBN 978-7-5010-3781-0

Ⅰ . ①志… Ⅱ . ①天… Ⅲ . ①文物－天津市－图集Ⅳ . ① K872.210.2

中国版本图书馆 CIP 数据核字 (2013) 第 161947 号

志丹奉宝——天津收藏家捐献文物展

编　　者	天津博物馆
出版发行	文物出版社
社　　址	北京东直门内北小街 2 号楼
邮　　编	100007
网　　址	http://www.wenwu.com
邮　　箱	web@wenwu.com
经　　销	新华书店
制版印刷	北京雅昌彩色印刷有限公司
开　　本	889×1194 毫米　1/16
印　　张	6
版　　次	2013 年 7 月第 1 版
印　　次	2013 年 7 月第 1 次印刷
书　　号	ISBN 978-7-5010-3781-0
定　　价	88.00 元